Für dich
und deine Zwergkaninchen

Jessica Lütge

Achtsamkeits-Tagebuch für dich und deine Zwergkaninchen

Bibliografische Information der Deutschen Nationalbibliothek: Die Deutsche Nationalbibliothek verzeichnet diese Publikation in der Deutschen Nationalbibliografie; detaillierte bibliografische Daten sind im Internet über dnb.dnb.de abrufbar.

© 2021 Jessica Lütge
Herstellung und Verlag: BoD – Books on Demand, Norderstedt

Bild von Rebekka D/castleguard auf pixabay

ISBN 9783753440392

Warum ein Achtsamkeitstagebuch für dich ♡ und deine Kaninchen fast ein bisschen Magie bringt

Du freust dich über deine Haustiere, deine Zwergkaninchen, und bist jeden Tag für sie da.

Es gibt gemeinsam so viel zu entdecken, zu spielen und immer wieder Neues, was dich erwartet.

Zwergkaninchen sind unglaublich niedlich und gleichzeitig hast du auch viel Verantwortung für sie übernommen.

Du machst sie sauber, fütterst sie, spielst oder bist auch einfach nur für sie da. Vielleicht sind sie schon zutraulich oder brauchen noch etwas Zeit.

Das Achtsamkeitstagebuch hilft dir, auch auf die Kleinigkeiten zu achten, tolle Glücksmomente mit deinen Zwergkaninchen festzuhalten und sie immer besser kennenzulernen. So hast du jeden Tag noch viel mehr Freude mit deinen Kaninchen.

So geht es:

Du kannst jeden Tag, oder so oft du willst, in dein Achtsamkeitstagebuch schreiben, malen und zeichnen.

An jedem Tag findest du drei Möglichkeiten zum Ausfüllen. Am Ende jeder Seite steht immer ein Herz, in das du deinen ganz besonders schönen Moment am Tag mit deinen Kaninchen beschreiben oder malen kannst.

So füllst du dein Achtsamkeitstagebuch Schritt für Schritt und hältst hinterher dein eigenes Buch über deine Kaninchen in den Händen.

Das Buch eignet sich sowohl für Kaninchen, die ganz neu bei dir einziehen, als auch für Kaninchen, die schon länger bei dir wohnen. In jedem Fall erwarten dich und deine Kaninchen viele Anregungen und Spaß beim Ausfüllen.

Und ihr erfahrt jeden Tag immer mehr voneinander, was ihr noch gar nicht wusstet.

Viel, viel Freude
mit deinen Zwergkaninchen
wünscht dir
Jessica Lütge

Übrigens habe ich auch zwei Kaninchen, Lissy und Luke, die schon ganz gespannt auf deine Kaninchen sind.

Datum:

Meine liebsten Spitznamen für meine Kaninchen sind:

So fühlt sich das Fell meiner Kaninchen an:

◯ flauschig ◯ weich

◯ ganz glatt ◯ gewellt

Oder ganz anders: _____

Das war heute ein besonders schöner Moment mit meinen Kaninchen:

Datum:

Meine Kaninchen sind

◯ sehr flink   ◯ total süß

◯ zutraulich   ◯ manchmal
                                     ängstlich

◯ gerne ungestört   ◯ oft am Mümmeln
   in ihren Häus-
   chen

Oder ganz anders: _____

_____

_____

So war heute mein lustigster Moment mit meinen Kaninchen:

Datum:

So wohnen meine Kaninchen, das male ich hier auf:

Das mag ich an meinen Kaninchen ganz besonders:

_____

_____

_____

Wenn meine Kaninchen sprechen könnten, würden sie mir heute sagen:

Datum:

Diese Leckerlis mögen meine Kaninchen am liebsten:

Wenn ich die Kaninchen sauber mache, denke ich:

_____

_____

_____

Manchmal wünsche ich mir für meine Kaninchen:

Datum:

Meine Kaninchen freuen sich über:

◯ Möhren ◯ streicheln

◯ Leckerli ◯ einfach Dasein

◯ frischen Salat ◯ füttern

Oder auch darüber: _____

> So richtig toll finde ich, wenn:

_____
_____
_____
_____
_____

Darüber habe ich heute besonders gestaunt:

Datum:

So sehen die Häuschen meiner Kaninchen aus:

Das konnte ich heute beobachten:

_____

_____

_____

_____

Ein richtig süßer Moment war:

Datum:

Das haben meine Kaninchen heute gemümmelt:

◯ Salat   ◯ Heu

◯ Kohlrabi   ◯ Möhren

◯ Grünzeug   ◯ Leckerli

◯ _____   ◯ _____

Wenn ich bei meinen Kaninchen bin, freue ich mich oft darüber:

_____

_____

_____

Es gibt so viel, was ich mit meinen Kaninchen machen kann wie beispielsweise füttern, sauber machen, beobachten, streicheln und noch vieles mehr. Heute habe ich besonders dies gemacht:

Datum:

Heute waren meine Kaninchen richtig

◯ neugierig   ◯ munter

◯ hungrig   ◯ fröhlich

◯ müde   ◯ _____

Das würden sich meine Kaninchen noch von mir wünschen:

_____

_____

_____

_____

_____

_____

So sollen meine Kaninchen am liebsten wohnen:

Datum:

Heute habe ich

○ die Kanin-
chen gefüttert

○ sauber gemacht

○ mit den Kanin-
chen gespielt

○ die Kaninchen
gestreichelt

○ beobachtet

○ _____

Das hat heute richtig gut geklappt mit den Kaninchen:
_____
_____
_____
_____

Das will ich einfach mal sagen:

Datum:

Das Fell meiner Kaninchen kann ich so beschreiben:

_____

_____

_____

Ein besonderer Knabberspaß für meine Kaninchen war
heute:

_____

_____

_____

_____

Ganz besonders mag ich an meinen Kaninchen:

Datum:

Meine Kaninchen und ich

○   verstehen uns   ○   sind unzertrenn-
        ohne Worte   lich

○   sind oft zusam-   ○   mögen uns sehr
        men

○   _____   ○   _____

Das macht meine Kaninchen so besonders:

_____

_____

_____

_____

Davon träumen meine Kaninchen:

Datum:

Im Napf meiner Kaninchen landet meistens:

_____

_____

_____

_____

Das esse ich fast so gerne wie meine Kaninchen:

Das empfinde ich für meine Kaninchen:

Datum:

Male hier die Ohren deiner Kaninchen, schau genau,
wie ihre Form ist und wie die Farbe aussieht:

Heute sind meine Kaninchen sehr:

_____
_____
_____

Richtig gefreut habe ich mich heute über:

Datum:

Für meine Kaninchen bin ich heute:

_____

_____

_____

_____

Das hat heute meine Kaninchen am meisten interessiert:

◯ mümmeln   ◯ hoppeln

◯ spielen   ◯ verstecken

◯ putzen   ◯ schlafen

◯ einfach niedlich   ◯ _____
   sein

Das ist mir heute besonders aufgefallen:

Datum:

Meine Kaninchen spielen am liebsten:

_____

_____

_____

_____

Das mögen meine Kaninchen besonders gern, auch wenn sie es eigentlich nicht dürfen:

So habe ich mich heute mit meinen Kaninchen beschäftigt:

Datum:

Meine Kaninchen haben heute gerne daran genagt:

○ Zweigen   ○ der Tapete

○ meinem Finger   ○ Möhren

○ Ästen   ○ Möbeln

○ Knollen   ○ Knabbersachen

○ _____   ○ _____

Manchmal nenne ich meine Kaninchen

_____

_____

_____

Meine Kaninchen sind für mich:

Datum:

Das höre ich, wenn ich ganz leise bin und meinen Kaninchen lausche (vielleicht Knabbergeräusche oder etwas anderes?):

_____

_____

_____

_____

Hier male ich das Lieblingsspielzeug meiner Kaninchen:

Damit haben mich meine Kaninchen heute zum Lächeln gebracht:

Datum:

Das möchte ich heute einfach für meine Kaninchen malen:

Das hat meinen Kaninchen heute richtig gut geschmeckt:

_____

_____

_____

Das wollte ich immer schon mal loswerden:

Datum:

So fühlt sich das Zuhause meiner Kaninchen an:
(Streu, Heu, Material der Häuschen ...?)

_____

_____

_____

_____

_____

_____

So sieht das Fell meiner Kaninchen aus: Einfarbig
oder mehrfarbig? Hier male ich es auf:

Das war heute mein Lieblingsmoment mit meinen Kaninchen:

Datum:

Als ich meine Kaninchen bekommen habe, hat mir besonders gefallen:

_____

_____

_____

_____

_____

Und aus diesem Grund bin ich auf die Namen meiner Kaninchen gekommen:

_____

_____

_____

_____

Hier ist ein schöner Moment mit mir und meinen Kaninchen (gemalt, geschrieben oder eingeklebt):

Datum:

Als ich meine Kaninchen das erste Mal gesehen habe,
war mein erster Gedanke:

_____

_____

_____

Das spiele ich am liebsten mit meinen Kaninchen:

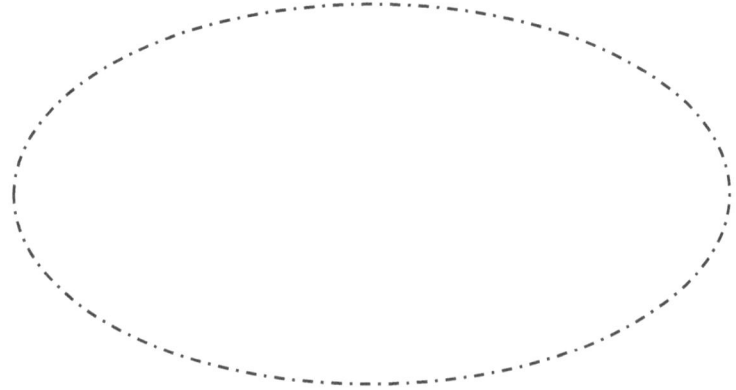

Hier male ich, wie meine Kaninchen kuscheln:

Datum:

Heute waren meine Kaninchen

◯ ein bisschen wild ◯ ganz verschlafen

◯ ziemlich lustig ◯ riesenhungrig

◯ quietschvergnügt ◯ in Kuschellaune

Oder ganz anders:_____

Und das ist heute vom Futter noch übrig geblieben:

Das war heute ein Schmunzelmoment mit meinen Kaninchen:

Datum:

Das bin ich mit meinen Kaninchen:

Wenn meine Kaninchen schlafen, dann sind sie:

◯ besonders süß   ◯ im Häuschen

◯ ganz entspannt   ◯ verträumt

Oder ganz anders:_____

Besonders viel Freude hat mir heute gemacht:

Datum:

Zeichne die kleinen Fellnasen deiner Kaninchen:

Meine Lieblingsspielzeit mit meinen Kaninchen ist:

Darüber habe ich bei meinen Kaninchen heute richtig
gestaunt:

Datum:

Diese drei Dinge habe ich heute für meine Kaninchen gemacht:

1. _____

2. _____

3. _____

Und das würde ich gerne mehr für meine Kaninchen tun:

Mein Lieblingsaugenblick mit meinen Kaninchen war heute:

Datum:

Das erzähle ich anderen sehr gerne über meine Kaninchen:

_____

_____

_____

Und das habe ich schon einmal für meine Kaninchen gebastelt oder gebaut:

Besonders gut gefallen hat mir heute:

Datum:

Wenn ich die Augen schließe und an meine Kaninchen denke, sehe ich:

Manchmal sind meine Kaninchen auch ein bisschen verrückt, dann machen sie:

_____

_____

_____

Und das ist immer wieder besonders schön:

Datum:

Kaninchen haben einen Rundumblick von 360 Grad. Sie können also sowohl sehen, was vor ihnen, als auch was hinter ihnen ist. So bemerke ich das bei meinen Kaninchen:

_____

_____

_____

_____

So sehen die kleinen Knopfaugen meiner Kaninchen aus:

Das ist mir heute besonders aufgefallen:

Datum:

Die Zähne der Kaninchen wachsen ein Leben lang immer wieder nach, ganz anders als bei uns Menschen. Deshalb ist auch das Knabbern für die Kaninchen so wichtig.

Meine Kaninchen haben heute besonders gerne daran geknabbert:

- ⬭ Zweigen
- ⬭ Kohlrabiknollen
- ⬭ Rinde
- ⬭ Einrichtung in der Wohnung

Oder am liebsten daran:_____

Das habe ich heute beobachtet:

_____

_____

_____

Richtig gut getan hat mir heute mit meinen Kaninchen:

Datum:

Kaninchen reiben ihr Kinn oft an Gegenständen, um ihr Revier zu markieren.

Besonders gern reiben meine Kaninchen ihr Kinn an:

○ ihren Häuschen   ○ Ecken

○ Näpfen   ○ Spielzeug

Ganz woanders:_____

So wohnen gerade meine Kaninchen:

Wenn ich mit meinen Kaninchen zusammen bin, fühle ich:

Datum:

Kaninchen können oft sehr gut springen. Meine Kaninchen springen im Vergleich so hoch:

_____

_____

_____

_____

Und darauf springen sie am liebsten:

Das möchte ich heute gerne meinen Kaninchen sagen:

Datum:

Diese Geräusche machen meine Kaninchen manchmal:

_____

_____

_____

Damit haben meine Kaninchen heute gespielt:

Besonders Spaß gemacht hat mir heute mit meinen Kaninchen:

Datum:

Wenn ich meine ausgestreckte Hand meinen Kaninchen vorsichtig entgegenhalte, dann

◯ schnuppern sie   ◯ kommen sie

◯ sind sie vorsichtig   ◯ hoffen sie auf Leckerli

Oder ganz anders:_____

Darum sind meine Kaninchen bei uns eingezogen:

_____

_____

_____

_____

Und so fühle ich mich heute, wenn ich meine Kaninchen sehe:

Datum:

Das interessiert meine Kaninchen immer ganz besonders:

Wenn Besuch kommt, dann machen meine Kaninchen meistens das:

_____

_____

_____

Heute war ein schönes Erlebnis:

Datum:

Das mag ich genauso gerne wie meine Kaninchen:

Das mögen meine Kaninchen überhaupt nicht:

_____

_____

_____

_____

Und so süß waren heute meine Kaninchen:

Datum:

Und das waren heute die drei Lieblingsleckerlis meiner
Kaninchen:

1. _____

2. _____

3. _____

Meine Kaninchen waren heute

◯   total verspielt   ◯   völlig hungrig

◯   großartig   ◯   Scherzhoppel

Oder ganz anders:_____

Darum sind meine Kaninchen und ich beste Freunde:

Datum:

Wenn es nach meinen Kaninchen ginge, würden sie am liebsten den ganzen Tag dies mümmeln, aber das dürfen sie natürlich nicht:

Meine Kaninchen waren heute

○ kleine Chaoten   ○ lustige Hoppler

○ Leckerlimümmler   ○ Träumerchen

Oder ganz anders:_____

Das war heute richtig lustig mit meinen Kaninchen:

Datum:

Wenn ich mal nicht da bin und plötzlich zur Tür her-
einkomme, machen meine Kaninchen meistens das:

_____

_____

_____

_____

Und davon könnten meine Kaninchen träumen, wenn
ich nicht da bin:

Davon träume ich, wenn ich an meine Kaninchen
denke:

Datum:

Das haben meine Kaninchen schon gelernt (vielleicht, wann es Futter gibt, sie sind stubenrein und haben ihre eigene Köttelecke oder sie fressen dir aus der Hand oder auch etwas ganz Anderes):

_____

_____

_____

_____

Manchmal pflücke ich etwas für meine Kaninchen, was sie gerne futtern:

Und das ist mir heute aufgefallen:

Datum:

Meine Kaninchen mögen diese Streu am liebsten:

Und so sieht es aus, wenn ich bei meinen Kaninchen etwas umbaue:

Heute hätte ich für meine Kaninchen am liebsten das noch gemacht:

Datum:

Meine Kaninchen flippen komplett aus, wenn:

_____

_____

_____

_____

Daran habe ich heute für meine Kaninchen besonders gedacht:

Und so spielen meine Kaninchen am liebsten:

Datum:

Das Fell meiner Kaninchen war heute:

◯ glänzend   ◯ im Fellwechsel

◯ seidig-glatt   ◯ schmuseweich

Oder ganz anders:_____

Darum kümmere ich mich bei meinen Kaninchen am liebsten:

_____

_____

_____

_____

Wenn ich gemeinsam mit meinen Kaninchen träumen könnte, dann hätten wir diesen Traum:

Datum:

Dieses Essen mag ich gar nicht, aber dafür mögen das meine Kaninchen ganz besonders:

_____

_____

_____

_____

Was das Futter betrifft, sind meine Kaninchen:

◯ anspruchsvoll   ◯ wählerisch

◯ Schleckermäul-   ◯ genügsam
   chen

Heute war ein toller Moment:

Datum:

Der liebste Ort meiner Kaninchen ist:

Wenn Besuch kommt, sind meine Kaninchen

○ neugierig   ○ ängstlich

○ ganz still   ○ aufgeregt

Oder ganz anders:_____

Meine Kaninchen sind eigentlich Superhelden, weil:

Datum:

Manchmal vergesse ich:

_____

_____

_____

_____

Das wäre ein Fantasie-Häuschen für meine Kaninchen:

Darum liebe ich meine Kaninchen:

Datum:

Meine Kaninchen sind für mich:

◯ tolle Freunde ◯ Chaotenzwerge

◯ Ruhepole nach der ◯ immer da
   Schule

Heimlich nenne ich meine Kaninchen manchmal:

_____

_____

_____

_____

Und diese Eigenschaften mag ich bei meinen Kaninchen sehr gerne:

Datum:

So sehen meine Kaninchen aus, wenn sie vor sich hin mümmeln:

Das habe ich heute für meine Kaninchen gemacht:

_____

_____

_____

_____

Darum könnte ich nie auf meine Kaninchen verzichten:

Datum:

Wenn ich meinen Kaninchen ein Geschenk machen könnte, wäre es das hier:

Meine Kaninchen haben am liebsten, wenn ich:

_____

_____

_____

Damit haben mich meine Kaninchen heute zum Staunen gebracht:

Datum:

Das unterscheidet meine Kaninchen von anderen:

_____

_____

_____

Das mache ich immer sehr gerne für meine Kaninchen:

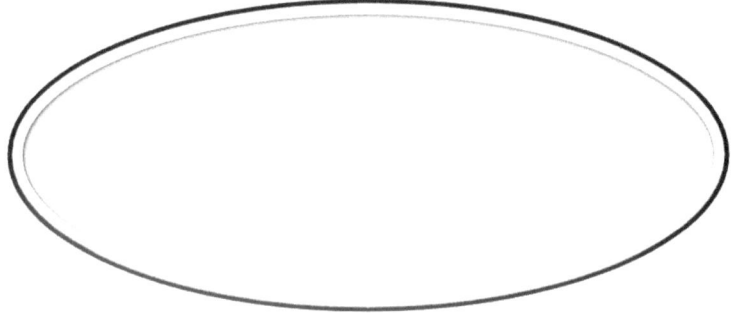

Und darüber musste ich heute sehr schmunzeln:

Datum:

Die Zeit mit meinen Kaninchen ist oft:

○ lustig   ○ spannend

○ ruhig   ○ interessant

○ immer neu   ○ hoppelig

Oder ganz anders:_____

Wer weckt wen eigentlich auf? Meistens wecke ich meine Kaninchen auf oder sie sind schon wach, manchmal wecken sogar meine Kaninchen mich auf:

_____

_____

Wenn ich die Tür öffne und dann bei meinen Kaninchen bin, sieht das so aus:

Datum:

Davor haben meine Kaninchen manchmal Angst:

_____

_____

_____

Und so sehen sie ganz mutig aus:

Darüber habe ich mich heute gefreut:

Datum:

Das ist das richtig extrageheime Geheimversteck meiner Kaninchen:

Und das ist der Ort, an dem sich meine Kaninchen am liebsten aufhalten:

_____

_____

_____

Darüber habe ich mich heute bei meinen Kaninchen gewundert:

Datum:

Das dürfen meine Kaninchen alles:

_____

_____

_____

_____

_____

_____

Das habe ich in der letzten Zeit für meine Kaninchen gebaut oder umgestellt:

Das dachte ich heute über meine Kaninchen:

Datum:

Heute waren meine Kaninchen besonders:

○ zutraulich   ○ gelassen

○ neugierig   ○ superniedlich

Oder ganz anders:_____

Darin haben meine Kaninchen schon eine richtige
Meisterschaft entwickelt:

_____
_____
_____
_____

Das hat mir heute mit meinen Kaninchen sehr viel
Freude gemacht:

Datum:

Von der Wiese mögen meine Kaninchen sehr gerne:

◯ Löwenzahn   ◯ Pfefferminze

◯ Giersch   ◯ Klee

Oder ganz anderes:_____

Meine Kaninchen zeigen mir, dass sie mich mögen, indem sie:

_____
_____
_____
_____

Oft bin ich von meinen Kaninchen deshalb begeistert:

Datum:

Wenn meine Kaninchen schlafen, sieht das so aus:

Und so kann man das lustigste Geräusch beschreiben,
das meine Kaninchen von ich geben:

_____

_____

_____

Das war heute ein sehr niedlicher Moment:

Datum:

Das hatte ich mir heute ganz anders mit meinen Kaninchen vorgestellt:

_____

_____

_____

So verbringen meine Kaninchen gerne ihren Tag:

Das war heute ein Lächel-Moment mit meinen Kaninchen:

Datum:

Darauf hatten meine Kaninchen heute riesigen Appetit:

Wenn ich meinen Kaninchen einen Brief schreiben würde, dann würde ich das schreiben:

_____

_____

_____

_____

_____

Ein magischer Moment mit meinen Kaninchen war heute:

Datum:

Das Aussehen meiner Kaninchen ist besonders:

Meine Kaninchen verstehen sich:

◯ super

◯ immer besser

◯ mal so und so

◯ wie Ernie und
   Bert

Oder ganz anders:_____

Das war heute ein tolles Erlebnis mit meinen Kaninchen:

Datum:

Heute ist das vom Futter übrig geblieben:

_____

_____

_____

Meine Kaninchen zeigen mir, wie sie sich fühlen über ihre Körpersprache. Ganz entspannt sehen meine Kaninchen so aus:

Ich habe meine Kaninchen soooo gerne:

Datum:

Kaninchen warnen andere oft durch das Klopfen mit den Hinterläufen. Manchmal sind sie aber auch einfach aufgeregt. Meine Kaninchen sind Klopfer, wenn

○ Besuch kommt   ○ Streit ist

○ sauber gemacht   ○ eigentlich nie
   werden muss

Oder ganz anders:_____

Und so sieht es aus, wenn meine Kaninchen miteinander kuscheln:

Das hat mir heute viel Spaß mit meinen Kaninchen gemacht:

Datum:

Wir haben einige gemeinsame Rituale. Meine Kaninchen wissen ganz genau, wenn ich

⭕ Leckerli hole	⭕ mit dem Heu raschele
⭕ die Salatschüssel in der Hand habe	⭕ _____

Wenn ich den Leckerli-Test mache und drei verschiedene Sorten Salat oder Gemüse getrennt hinlege, dann gewinnt:

_____

_____

So sieht es aus, wenn meine Kaninchen und ich entspannen:

Datum:

Wenn ich meine Kaninchen richtig verwöhnen will,
dann:

_____

_____

_____

Und so sehen die Näpfe meiner Kaninchen aus, aus de-
nen sie immer mümmeln:

Das war heute ein Supermoment mit meinen Kaninchen:

Datum:

Wenn es Futter gibt, dann sind meine Kaninchen

⬭ aufgeregt	⬭ ganz entspannt
⬭ ungeduldig	⬭ neugierig

Oder ganz anders:_____

Damit meinen Kaninchen nicht langweilig ist, haben sie das zum Spielen und Entdecken:

Und das waren heute die Lieblingsplätze meiner Kaninchen:

Datum:

Meine Kaninchen waren heute:

⬭	superlieb	⬭	vorsichtig
⬭	neugierig	⬭	sehr aktiv

Oder ganz anders:_____

Unverwechselbar sind meine Kaninchen, weil:

Meine Kaninchen erobern jeden Tag neu mein Herz:

Datum:

Meine Kaninchen können besonders gut:

⬭ flitzen	⬭ süß sein
⬭ mümmeln	⬭ Männchen machen

Oder ganz anderes:_____

Den Tag verbringen meine Kaninchen am liebsten damit:

Darum möchte ich meine Kaninchen nie mehr hergeben:

Hier kannst du selbst noch viele, viele eigene Ideen auf-
schreiben, malen oder gestalten: